Este árbol gigante tiene un tronco fuerte. Sus hojas tienen un aroma dulce.

Las hojas del eucalipto son dulces. ¡Pero son venenosas!

En este árbol vive un koala. Por las noches, come las hojas. Puede comer una libra entera de hojas.

El estómago del koala digiere el veneno de las hojas de eucalipto.

El eucalipto es un árbol alto y grande. Crece en Australia. Es el hábitat, u hogar, de muchos animales.

Australia tiene muchos bosques de eucaliptos.

Género Narrativa de no ficción

Pregunta esencial

¿Cuáles son las características de los hábitats de distintos animales?

Un árbol lleno de vida

Susan Evento

El koala duerme abrazado a su cría.

El koala duerme casi todo el día. Se acuesta entre las ramas del árbol.

AHORA COMPRUEBA

¿Por qué el eucalipto es importante para los koalas?

El koala no pasa mucho tiempo en el suelo.

El koala se despierta. Baja del árbol. Pero no se aleja demasiado. No necesita hacer largos viajes. Se dirige al siguiente eucalipto.

Hay muchas termitas enterradas en el eucalipto. Comen parte del tronco. También comen algunas ramas.

Las termitas tienen bocas fuertes para mascar la corteza.

AHORA COMPRUEBA

¿Qué parte del eucalipto comen las termitas?

Las termitas son excelentes constructoras de nidos.

Mascan la corteza del árbol hasta formar una pasta. Comen la pasta y la usan para construir nidos.

Detective del lenguaje	Halla un sustantivo plural en esta página.

Las termitas han formado huecos en el árbol. Otros animales hacen nidos en los huecos. El cucaburra es un pájaro. Se asoma y espía a un enemigo. Se esconde en su nido.

El cucaburra grita "ja, ja, ja". Por eso se lo llama "ave que ríe".

El petauro del azúcar es una zarigüeya pequeña. Vive en el eucalipto. Come la savia del árbol.

Los petauros del azúcar tienen su nido en un hueco creado por las termitas.

Esta zarigüeya come las hojas y las flores. Su nido está muy alto, lejos del suelo.

AHORA COMPRUEBA

¿Qué animales viven en nidos creados por las termitas?

Los wombats corren rápido cuando los enemigos los persiguen.

Un wombat come las raíces del eucalipto. Luego debe escapar. Corre rápidamente hacia su túnel. Tiene hábitos nocturnos. Duerme todo el <u>día</u>.

Detective del lenguaje	La palabra <u>día</u> es un sustantivo singular. ¿Cuál es el plural?

Los murciélagos de la fruta esparcen un polvo llamado "polen". Esto ayuda a que crezcan nuevos árboles.

Oscurece. Los murciélagos de la fruta se mueven impacientemente. Vuelan hacia el árbol para comer la fruta. En la naturaleza, los animales necesitan a las plantas.

Este muérdago brinda alimento a un tipo de ave.

Esta planta también vive aquí. Come la savia del árbol.

Un pájaro come las semillas de esta planta.

¡El eucalipto está lleno de vida!

Respuesta a la lectura

Resumir

Usa detalles para resumir *Un árbol lleno de vida.*

Tema principal		
Detalle	Detalle	Detalle

Evidencia en el texto

1. ¿Por qué *Un árbol lleno de vida* es de no ficción? **Género**
2. ¿Qué utilidades tiene el eucalipto? **Tema principal y detalles clave**
3. ¿Qué significa *muchísimo* en la página 8? **Sufijos**
4. ¿Por qué los animales usan los eucaliptos? **Escribir sobre la lectura**

Género Texto expositivo

Compara los textos

¿En qué se parecen un eucalipto y un termitero?

La vida en un termitero

Las termitas construyen termiteros o nidos enormes. Una termita rey y una termita reina crean una colonia. Una colonia es un grupo de termitas. Todas viven en el nido.

Más de un millón de termitas pueden construir juntas un nido.

Los trabajos en la colonia

La reina pone huevos en el nido. Las termitas trabajadoras juntan comida. Alimentan a las crías. Trabajan mucho.

El interior de un termitero parece una esponja.

Las termitas soldado cuidan el nido. Protegen la colonia.

Termitas	Trabajos
rey y reina	crear la colonia
reina	poner huevos
trabajadoras	construir/cuidar los nidos reunir alimento para alimentar a las crías
soldados	proteger los nidos

Haz conexiones

¿Qué apariencia tiene un termitero? **Pregunta esencial**

¿En qué se parecen los eucaliptos y los termiteros? **El texto y otros textos**

Enfoque:

Ciencias

Propósito Aprender las diferentes características de un hábitat

Paso a paso

Paso 1 Piensa en los animales que dependen de los eucaliptos.

Paso 2 Dibuja una tabla como esta.

Animal	Parte del árbol donde viven	Parte del árbol que comen

Paso 3 Completa la tabla con la información del texto.

Conclusión Comenta lo que has aprendido.